Brochure N° 1

# ASSOCIATION FRANÇAISE
## POUR LA
## SOCIÉTÉ DES NATIONS

—

# DISCOURS

prononcé à

## l'Assemblée Générale Constitutive

du 10 Novembre 1918 par

## M. Léon BOURGEOIS

*Président général de l'Association*

24, Rue Pierre-Curie, 24

PARIS (V<sup>e</sup>)

—

1918

Nous sommes réunis aujourd'hui pour faire connaître à tous la constitution d'une Association française pour la Société des Nations.

Un Comité d'initiative s'est formé depuis plusieurs mois pour la création de cette Association. Vous avez lu les noms des membres de ce Comité et vous y avez vu, mêlés sans aucune distinction d'opinion, de croyance ou de parti, les représentants les plus éminents des élites intellectuelles et les délégués les plus autorisés du monde du travail.

Vous avez également lu l'appel que ce Comité d'initiative adresse à l'opinion publique française, et nous vous sommes profondément reconnaissants d'être venus manifester votre adhésion à nos principes et à notre programme.

Aux Etats-Unis, en Grande-Bretagne, il y a longtemps déjà que des Associations semblables ont été fondées. Il est nécessaire que la France, qui a eu l'initiative de la grande idée de justice et d'humanité qui nous appelle ici, ne tarde pas plus longtemps à constituer, elle aussi, une organisation puissante qui prenne en mains, avec toute l'autorité nécessaire, la défense de la grande cause pour laquelle combattent tous les peuples libres.

## I

Il était plus que temps d'agir. Il ne faut pas que les peuples libres soient surpris par la paix comme ils ont été surpris par la guerre. L'organisation de la paix veut, elle aussi, une longue et méthodique préparation.

Grâce à la haute valeur de leurs chefs, grâce à l'incomparable vaillance de leurs soldats, les armées alliées ont depuis trois mois accompli de véritables miracles.

Devant leur marche foudroyante, de la Mer du Nord aux terres d'Orient, sur tous les fronts d'Europe et d'Asie, les résistances ont été brisées.

Après la capitulation de la Bulgarie, de la Turquie, de l'Autriche-Hongrie, l'Allemagne succombe à son tour ; ses troupes se sont vainement accrochées au sol qui fuyait sous leur pas. La réponse faite à la demande d'armistice par le grand chef militaire vers qui va l'admiration de la France et du monde ne laisse plus aucun doute sur le dénouement. Déjà le Kaiser est chassé de son trône par la malédiction de son peuple et sur les ruines de l'empire qui s'écroule, nul ne peut prévoir ce que sera l'Allemagne de demain.

La terre entière va saluer la victoire définitive, et la grande image dressée aux rivages de New-York par un sculpteur français ne sera plus le symbole d'une espérance lointaine, mais une immédiate réalité : la Liberté, demain, éclairera le monde !

Voici que l'heure des libérations, des réparations, des restitutions a sonné. Et voici également que vient l'heure des châtiments. Voici que, pour ces soldats de la Liberté, qui, depuis plus de quatre années ont offert leur sang et leur vie sans un instant de défaillance, a sonné l'heure de la suprême et définitive récompense. Et pour ceux qui sont morts, innombrables, et qui n'auront pas connu cette victoire faite de leur sacrifice, voici du moins qu'arrive l'heure où ceux qui les ont aimés, qui les pleurent, peuvent dire qu'ils ne sont pas morts en vain et que le noble rêve qui illuminait leurs yeux lorsqu'ils tombaient face à l'ennemi s'est enfin réalisé !

J'ai dit que cette victoire était définitive. Il faut qu'elle le soit pour que le rêve soit vraiment devenu une réalité. Et pour qu'elle soit définitive, il faut que le monde entier s'organise pour qu'aucune force de violence, qu'aucun retour de barbarie ne puisse détruire le trésor pour la conquête duquel, suivant le mot célèbre, l'humanité a perdu son printemps.

Si la voix de ceux qui sont morts là-bas pouvait parvenir jusqu'à vous, vous entendriez cette suprême parole : « Nous avons combattu, nous avons supporté mille souffrances, aujourd'hui nous donnons notre vie, et nous la donnons sans regret, pour que nos enfants et ceux qui naîtront d'eux ne connaissent pas les mêmes souffrances et n'aient pas à s'offrir au même sacrifice. »

*<br>* *

Depuis des siècles, le Monde cherche la paix. Depuis des siècles, le monde a toujours trouvé la guerre.

Pourquoi ?

C'est que, malgré les tentatives de quelques penseurs pour montrer dans le droit le fondement de la paix, les chefs d'Etats, pendant des siècles, n'ont imaginé cette paix que sous la forme d'une domination universelle fondée sur la seule force ou d'un équilibre entre les différentes forces qui se partageaient le monde.

Dans l'antiquité, de grands empires se fondent qui tendent à soumettre à leur domination l'ensemble des pays connus et chacun n'aboutit qu'à la ruine.

Rome soutient trois cents ans de lutte pour l'empire du monde, et Auguste proclame la paix romaine et ferme le temple de Janus, mais le temps n'est pas loin où l'invasion des Barbares va plonger à nouveau le monde dans le sang.

Au Moyen-Age, l'Eglise vient proclamer la Trêve de Dieu. Elle espère fonder l'unité humaine sur l'unité de croyance. Mais bientôt se brise le lien qui donnait à la chrétienté les premiers éléments d'une vie commune, et l'Europe, livrée à de perpétuelles angoisses, déchirée par les guerres religieuses et les guerres politiques, cherche par des alliances, des coalitions, à réaliser pour un temps, cet équilibre des forces qui doit donner aux Etats l'illusion de la sécurité.

C'est l'histoire des traités de Westphalie, d'Utrecht, du Congrès de Vienne, qui n'aboutissent qu'à de nouvelles guerres et à de nouveaux rêves d'hégémonie que le génie même de Napoléon ne réussit pas à réaliser.

Au XIX° siècle, aux rivalités politiques viennent se mêler les rivalités économiques qui rendent plus terrible, plus dure encore la concurrence et plus tragiques les conséquences de chaque conflit.

Enfin, depuis 1870, l'Allemagne formule d'une façon cynique cette philosophie de la force primant le droit, ou prétendant fonder le droit, qui s'écroule à l'heure présente sous les coups glorieux de nos soldats.

Le Monde va-t-il donc toujours passer par les mêmes épreuves et chercher dans les méthodes du passé cette sécurité, ce repos qu'elles ne lui ont jamais pu donner ?

Aujourd'hui encore, certains croient prouver leur patriotisme en cherchant uniquement dans l'écrasement de l'ennemi les conditions d'une paix durable : pour eux, il suffirait de stipuler des garanties territoriales rigoureuses, d'organiser puissamment de nouvelles frontières militaires.

Nous ne nions pas que ces garanties ne soient nécessaires. La justice elle-même veut que le coupable soit châtié et mis dans l'impossibilité de nuire.

Mais cela fait, tout est-il fait ? et le lendemain de la paix est-il assuré ?

Tandis que ceux-là rêvent, en somme, de donner pour fondement à la paix cette supériorité de la force qui a déçu tant de fois les peuples, nous cherchons à l'établir sur la seule base commune que tous puissent, sans inquiétude, accepter : le droit.

La force ne peut être le fondement du droit ; l'équilibre des forces ne peut davantage être le fondement de la paix. La paix véritable, la paix définitive, est celle qui naît et se développe dans l'ordre, et l'ordre, s'il est autre chose qu'une tyrannie, est l'expression vivante de la justice elle-même.

Il n'y a d'ordre et de paix entre les hommes que si leurs consciences à tous se sentent, se savent soumises également, uniquement au règne du droit.

Comment établir le droit entre les Nations ?

Faut-il, avec les esprits légers ou sceptiques, croire que la tâche est impossible à l'homme, que les passions et les intérêts seront toujours plus forts que les sentiments d'équité et de respect mutuel et que rien ne vaut mieux, pour défendre son bien, qu'une poudre toujours sèche et une arme toujours aiguisée ?

Nous ne sommes pas des rêveurs de la paix. Nous voulons être des réalisateurs de la paix. Nous n'ignorons rien des dangers que l'égoïsme, l'intérêt, le désir du bien d'autrui, toutes les mauvaises passions, en un mot, font sans cesse courir à l'humanité. Nous ne croyons pas à la perfection de l'homme et nous ne croyons pas davantage à la perfection des groupes d'hommes et des nations. Mais nous savons qu'entre l'idée et la force se livre, depuis le commencement des âges, un duel dans lequel, à chaque étape, c'est l'idée qui a gagné la victoire. Les forces de la matière n'ont point cessé, depuis le commencement des choses et ne cesseront point de menacer la vie des hommes, comme les passions la menacent dans le monde moral. Mais la pensée et la science humaines, ont regardé en face ces forces matérielles, en ont calculé la puissance et les ont progressivement asservies.

De même, à l'intérieur des Etats, l'organisation du droit a contenu, réprimé et discipliné, dans la plus large mesure, les puissances du mal.

Les forces des nations peuvent, elles aussi, être disciplinées et, au lieu d'être, au hasard des conflits, lancées les unes contre les autres pour la destruction commune, être associées en vue du bien commun sous la règle supérieure de la solidarité des devoirs et des droits.

Il ne s'agit pas de nier la force. Il s'agit d'en faire la servante et la gardienne de la justice.


## II


Je ne crois pas nécessaire de nous défendre contre l'accusation de pacifisme. Ceux qui confondent les soldats du droit et les partisans de la paix à tout prix, ne savent ni ce que c'est que le droit, ni ce que sont ceux qui luttent pour le droit.

En août dernier, dans un ordre du jour célèbre, un grand soldat américain disait à ses armées : « Vous avez « prouvé que notre altruisme, notre esprit pacifique, no-« tre sens de la justice n'ont émoussé ni notre volonté, « ni notre courage. Vous avez démontré que l'initiative « et l'énergie américaines sont aussi aptes aux épreuves « de la guerre qu'aux fins pacifiques. »

En tout cas, ce ne sont pas des Français qui pourraient, après 1870, parler de paix avant que le droit n'ait été restauré, avant que ces autres Français qui ont été violemment arrachés à la Patrie, il y a un demi-siècle, dont les corps ont été réduits en servitude, mais dont les âmes indomptables sont restées libres, aient recouvré l'héritage de tous leurs biens et de tous leurs droits.

La question d'Alsace-Lorraine était niée par les Allemands jusqu'à ces derniers jours ; aujourd'hui, pour tous les peuples, elle est un symbole, elle est le signe visible par toute la terre.

Ce n'est pas seulement à nous qu'elle paraît la question suprême, celle qui, suivant qu'elle sera ou non résolue sans conditions dans le sens de la justice immanente, donnera à l'ensemble des clauses de la paix leur sens vrai et leur signification pour tout l'avenir.

Nous ne voulons pas aller vers une paix qui n'assurerait pas le triomphe intégral du droit ; nous ne voulons pas davantage créer au-dessus des nations une sorte de sur-État qui porte atteinte à leur souveraineté et pèse sur la liberté de chacune d'elles.

La Société des Nations ne constituera pas une souveraineté politique. Elle n'a qu'un objet, le maintien de la paix par la substitution du droit à la force dans le règlement des conflits. Elle ne revendique aucun pouvoir en dehors de cet objet.

En concédant à cet organisme international les pouvoirs nécessaires pour le maintien de la paix, les nations n'abdiquent rien de leur souveraineté véritable. Lorsqu'un citoyen use de sa liberté en prenant un engage-

de crimes contre toutes les lois humaines, il faudra
que l'Allemagne accepte et subisse toutes les règles du
contrôle international auxquelles auront volontaire-
ment consenti les autres nations.

En somme, et pour l'heure présente, c'est entre les nations alliées qu'il s'agit de constituer la Société des Nations; elle s'ouvrira d'elle-même aux États neutres qui
ont, dès 1907, adhéré au vote des nations libres et pacifiques à la Conférence de La Haye, et qui, pendant ces
quatre années de guerre, auront scrupuleusement observé
les obligations de droit international. Plus tard, le jour
viendra, et nous le souhaitons sincèrement, où tous les
peuples du monde viendront s'asseoir au même foyer.

Mais, suivant les termes de notre appel, ce sont les
peuples libres qui doivent fixer les bases inébranlables
de l'édifice, ce sont ceux qui ont combattu pour le droit
qui doivent d'abord, dans un esprit d'entière confiance
mutuelle, en promulguer les règles, en déterminer les garanties et s'en imposer à eux-mêmes les obligations.

Je voudrais encore répondre à une préoccupation dont
j'ai trouvé la trace dans quelques polémiques récentes.
La condition fondamentale du pacte international nouveau, c'est l'acceptation absolue de la justice internationale, sans réserve des objets touchant l'honneur et les
intérêts vitaux de chaque État. Jusqu'à présent, dans les
conventions d'arbitrage signées entre un grand nombre
d'États, ces réserves ont été trop souvent maintenues.
Il ne faut pas qu'elles subsistent entre les membres de
la société internationale : elles rendent illusoire l'obligation de l'arbitrage dans les conflits les plus graves, c'est-
à-dire dans ceux-là mêmes qui peuvent entraîner le risque de la guerre.

Elles ont pu paraître nécessaires jusqu'à la veille de
la grande guerre, mais la terrible leçon a porté ses
fruits.

Est-ce que les intérêts vitaux dont chacun prétendait
se réserver le jugement et la défense n'auraient pas été

Documents manquants (pages, cahiers...)
NF Z 43-120-13

En août dernier, dans un ordre du jour célèbre, un grand soldat américain disait à ses armées : « Vous avez « prouvé que notre altruisme, notre esprit pacifique, no- « tre sens de la justice n'ont émoussé ni notre volonté, « ni notre courage. Vous avez démontré que l'initiative « et l'énergie américaines sont aussi aptes aux épreuves « de la guerre qu'aux fins pacifiques. »

En tout cas, ce ne sont pas des Français qui pourraient, après 1870, parler de paix avant que le droit n'ait été restauré, avant que ces autres Français qui ont été vio- lemment arrachés à la Patrie, il y a un demi-siècle, dont les corps ont été réduits en servitude, mais dont les âmes indomptables sont restées libres, aient recouvré l'héritage de tous leurs biens et de tous leurs droits.

La question d'Alsace-Lorraine était niée par les Alle- mands jusqu'à ces derniers jours ; aujourd'hui, pour tous les peuples, elle est un symbole, elle est le signe visible par toute la terre.

Ce n'est pas seulement à nous qu'elle paraît la question suprême, celle qui, suivant qu'elle sera ou non résolue sans conditions dans le sens de la justice immanente, donnera à l'ensemble des clauses de la paix leur sens vrai et leur signification pour tout l'avenir.

Nous ne voulons pas aller vers une paix qui n'assure- rait pas le triomphe intégral du droit ; nous ne vou- lons pas davantage créer au-dessus des nations une sorte de sur-Etat qui porte atteinte à leur souveraineté et pèse sur la liberté de chacune d'elles.

La Société des Nations ne constituera pas une souve- raineté politique. Elle n'a qu'un objet, le maintien de la paix par la substitution du droit à la force dans le rè- glement des conflits. Elle ne revendique aucun pouvoir en dehors de cet objet.

En concédant à cet organisme international les pou- voirs nécessaires pour le maintien de la paix, les nations n'abdiquent rien de leur souveraineté véritable. Lors- qu'un citoyen use de sa liberté en prenant un engage-

de crimes contre toutes les lois humaines, il faudra
que l'Allemagne accepte et subisse toutes les règles du
contrôle international auxquelles auront volontaire-
ment consenti les autres nations.

En somme, et pour l'heure présente, c'est entre les nations alliées qu'il s'agit de constituer la Société des Nations; elle s'ouvrira d'elle-même aux Etats neutres qui
ont, dès 1907, adhéré au vote des nations libres et pacifiques à la Conférence de La Haye, et qui, pendant ces
quatre années de guerre, auront scrupuleusement observé
les obligations de droit international. Plus tard, le jour
viendra, et nous le souhaitons sincèrement, où tous les
peuples du monde viendront s'asseoir au même foyer.

Mais, suivant les termes de notre appel, ce sont les
peuples libres qui doivent fixer les bases inébranlables
de l'édifice, ce sont ceux qui ont combattu pour le droit
qui doivent d'abord, dans un esprit d'entière confiance
mutuelle, en promulguer les règles, en déterminer les garanties et s'en imposer à eux-mêmes les obligations.

✱✱

Je voudrais encore répondre à une préoccupation dont
j'ai trouvé la trace dans quelques polémiques récentes.
La condition fondamentale du pacte international nouveau, c'est l'acceptation absolue de la justice internationale, sans réserve des objets touchant l'honneur et les
intérêts vitaux de chaque Etat. Jusqu'à présent, dans les
conventions d'arbitrage signées entre un grand nombre
d'Etats, ces réserves ont été trop souvent maintenues.
Il ne faut pas qu'elles subsistent entre les membres de
la société internationale : elles rendent illusoire l'obligation de l'arbitrage dans les conflits les plus graves, c'est-
à-dire dans ceux-là mêmes qui peuvent entraîner le risque de la guerre.

Elles ont pu paraître nécessaires jusqu'à la veille de
la grande guerre, mais la terrible leçon a porté ses
fruits.

Est-ce que les intérêts vitaux dont chacun prétendait
se réserver le jugement et la défense n'auraient pas été

mieux sauvegardés par un arbitrage équitable que par les effroyables destructions de la guerre ?

Et les Etats alliés ne donnent-ils pas, en ce moment, eux-mêmes, la preuve du nouvel état d'esprit qui s'impose d'une extrémité de la terre à l'autre à toutes les consciences droites, à tous les cœurs généreux ?

Qui donc eût pu penser que de grands Etats ne se borneraient pas à combiner leurs opérations militaires, mais consentiraient à confondre toutes leurs ressources économiques, financières, militaires, navales ?

Quand ils se sont soumis au commandement militaire d'un seul, ont-ils maintenu des réserves, au nom de leurs intérêts vitaux, au nom de l'honneur ou de l'orgueil national ?

Et l'abnégation dont chacun de ces grands peuples a donné l'exemple pour parer au péril commun n'a-t-elle pas trouvé son incomparable récompense dans la victoire sans égale qui vient d'en être le prix ?

Du sang des héros tombés côte à côte, pour la même cause, sur tant de champs de bataille, une âme nouvelle est née, âme de foi et de sacrifice, qui désormais ne périra pas.


V


Il faut que la Société des Nations soit, et pour qu'elle soit, il faut dès aujourd'hui en jeter les fondements. Il faut que les plans en soient arrêtés dès maintenant entre les Alliés ; ainsi que l'a dit le Président Wilson, il faut que la création en soit ordonnée par une clause formelle du traité de paix.

Le péril commun, disions-nous, a créé l'âme commune. A cette âme, il faut donner un corps: C'est dans la Société des Nations que le verbe de Justice et de Paix doit s'incarner.

On a dit que les fondements de la politique de la paix se réduisent à ces deux termes : unir les bons et diviser les méchants. La Société des Nations fait plus que de diviser les méchants : elle les isole et les met au ban de la civilisation.

Si l'esprit de l'Allemagne s'est révélé dans cette guerre comme l'esprit du mal absolu, nul ne peut songer à classer pour toujours, en deux camps, les Etats du monde. Partout où vivront des hommes, il y aura de bonnes et de mauvaises passions. Il faut que les passions bonnes l'emportent sur les mauvaises. La plus noble des passions, celle de la Justice, s'est, devant l'horreur de la barbarie, emparée de vingt peuples parmi lesquels plusieurs des plus grands.

Il faut que cette passion de Justice devienne la maîtresse de nos destinées.

Le danger passé, même chez les meilleurs, des intérêts divergents peuvent éveiller d'autres désirs et rendre leur ardeur aux passions égoïstes du passé.

Croyez bien que c'est là-dessus que comptent les Allemands et qu'ils chercheront toute occasion, même au cours des négociations de paix qui seront longues, à diviser pour régner à nouveau.

Que, par des engagements solennels, les combattants du Droit s'obligent à rester les combattants du Droit, à ne pas permettre qu'entre eux un conflit puisse surgir sans que la solution pacifique de ce sonflit soit rigoureusement assurée.

Nous les adjurons, puisque la sagesse est en eux, de faire, sans tarder, l'acte de prévoyance et de raison que leur dicte cette sagesse, de signer entre eux le contrat *d'assurance mutuelle contre les risques de guerre*, qui n'est pas autre chose que l'acte de société mutuelle des Nations.

Un an après la prise de la Bastille, la fête de la Fédération du 14 juillet 1790 a scellé l'unité morale de la France. Elle domine l'histoire de la Révolution, et si des déchirements l'ont suivie, c'est qu'elle n'a été qu'une manifestation d'une heure.

La Bastille de la tyrannie des peuples est prise. Nous allons célébrer dans la victoire la fête de la Fédération des peuples libres. Il faut que ce ne soit pas seulement un élan magnifique, un mouvement d'enthousiasme et de fierté qui passent en un jour; il faut que cet élan soit durable, que ce mouvement se propage et se perpétue. Un acte concret est nécessaire, un traité solennel qui, pour l'avenir, fonde enfin l'empire de cette justice et de ce droit pour lesquels des millions d'hommes ont donné leur vie.

Notre Association appelle tous les Français au renouvellement de l'union sacrée pour cet acte décisif de sagesse et de foi. Les associations semblables à la nôtre adresseront demain le même appel aux citoyens de tous les peuples libres.

Le chef de notre gouvernement, auquel les deux Chambres viennent d'adresser l'hommage éclatant de la reconnaissance nationale, faisait, il y a quelques jours, un vibrant appel à la solidarité française et à la solidarité des Alliés. Nous nous joignons du plus profond du cœur à cet appel. Puissent les gouvernements alliés, qui ont assuré l'unité dans l'action militaire et réalisé ainsi les conditions essentielles de la victoire, achever leur œuvre, en fondant la paix perpétuelle dans la Société des Nations !

A vous, soldats héroïques, qui, après quatre années effroyables de souffrances, trouvez encore en vous des forces surhumaines et renouvelez chaque jour le serment du sacrifice, vous qui réunissez, par un miracle sans égal, l'enthousiasme des volontaires de l'an II à la puissante ténacité des vieilles légions de la campagne de France ; à vous, chefs illustres qui les avez conduits dans ces combats démesurés, vous dont les noms rayonneront dans l'histoire des siècles comme ceux des vainqueurs de la bataille de l'humanité; à vous aussi et surtout, morts vénérés, dont les tombes innombrables jonchent les routes de la liberté, vous dont le sang est le ciment du monument de gloire immortelle, nous voulons élever non seulement l'arc triomphal sous la voûte duquel passent, aux acclamations des peuples les éten-

ment qu'il estime conforme à ses intérêts et à ses droits, dit-on qu'il aliène sa liberté ? Il l'exerce au contraire en déterminant lui-même la mesure de l'engagement qu'il prend, comme l'exerce de son côté, et dans la même mesure, celui avec lequel il a contracté.

La souveraineté n'est pas plus que la liberté, quelque chose d'absolu. La liberté de chacun des hommes est limitée par la liberté d'autrui ; la souveraineté d'un Etat est limitée par l'égale souveraineté des autres Etats, petits ou grands, et le contrat qu'ils ont formé, s'ils ont été également libres de le faire, n'aliène rien que ce qu'ils ont mutuellement consenti à échanger.

## III

Sur quels principes repose l'organisation de la Société des Nations ?

L'article XVI de la Déclaration des Droits de l'homme est ainsi conçu : « Toute société dans laquelle la garantie des droits de l'homme n'est pas assurée *n'a pas de constitution.* »

Tout l'effort des Etats modernes, depuis le XVIIIe siècle, tend à assurer dans leur sein cette garantie des Droits du citoyen sans laquelle il n'y a pas de constitution.

La guerre universelle a montré à toutes les Nations la nécessité d'avoir, elles aussi, *une constitution* qui assure à chacune d'entre elles la garantie de ses droits.

Pour que cette garantie soit assurée, il faut qu'une règle commune de justice soit proclamée et acceptée par toutes les Nations. Il n'y a pas, avons-nous dit, de paix véritable sans l'ordre, il n'y a pas d'ordre sans la justice. La création d'une institution internationale destinée à dire le droit et à appliquer la règle de justice est donc le seul fondement de toute constitution des Etats. Créer un tribunal international, ou mieux, développer et armer de pouvoirs suffisants le tribunal international qu'ont déjà institué les conférences de la Haye, est le premier acte nécessaire.

Pour qu'un tribunal fonctionne, aussi bien vis-à-vis des particuliers que vis-à-vis des Etats, il faut que les règles du droit que ce tribunal devra appliquer soient connues et acceptées des justiciables. C'est dans un code de justice internationale que le tribunal trouvera les motifs et les dispositifs de ses arrêts.

Ce code de justice internationale existe déjà. Il y a un droit des gens. C'est, à vrai dire, à l'origine, un droit coutumier. Dès le XVII⁰ siècle, de grands jurisconsultes en ont fixé les principes et, au cours du XIXᵉ et du XXᵉ siècle, de nombreux arbitrages acceptés, de nombreuses sentences prononcées en ont étendu les applications.

Des conventions internationales ont d'ailleurs établi entre la plupart des Etats, des obligations mutuelles, dont les conditions d'application et les sanctions ont été précisées sur un grand nombre d'affaires d'intérêt universel.

Tout un corps de doctrine et de jurisprudence existe donc, que reconnaissent tous les Etats civilisés. Ceux qui ont violé outrageusement les règles de ce droit au cours de la guerre n'ont jamais osé affirmer qu'ils les ignoraient, mais ils ont proclamé cyniquement que nécessité n'a pas de loi.

Il y a donc déjà un droit international rigoureusement défini. Il y a déjà une juridiction internationale qui a évité au monde, à plusieurs reprises, la rupture de la paix.

Il suffit de rappeler les trois grands arbitrages récents sur l'affaire du Dogger-Bank — entre la Russie et l'Angleterre —, sur celle des déserteurs de Casablanca — entre la France et l'Allemagne, — et sur la saisie du *Carthage* et du *Manouba* — entre l'Italie et la France, — pour montrer que, dans les conflits les plus graves et qui mettaient en cause les plus grands Etats, la paix du monde a pu être sauvegardée.

Qu'a-t-il donc manqué à cette organisation préétablie pour fonder réellement ce que la Déclaration des Droits de l'Homme appelle une Constitution ? Que lui a-t-il manqué pour épargner au monde les horreurs de la guerre universelle ?

Deux choses lui ont manqué pour qu'elle devînt véritablement un organisme doué de la vie et trouvant en lui-même les conditions de la puissance et de la durée.

Tout d'abord, le caractère obligatoire du recours à l'arbitrage n'a pas obtenu l'adhésion de l'unanimité des puissances. C'est une histoire pleine d'enseignements et qui vaudrait d'être exposée, preuves en mains, à tous les peuples, que celle de la résistance acharnée qu'à La Haye nous opposa l'Allemagne, entraînant déjà les mêmes Etats qui, plus tard, devaient la suivre dans la guerre. Mais dès 1907, l'immense majorité des peuples représentés à la Conférence de la Haye avait souscrit le pacte d'obligation. Et c'est un souvenir glorieux pour les représentants de la France que celui des noms des 32 nations qui ont tenu à s'inscrire avec elle sur ces tables de la loi universelle.

Aujourd'hui, la question est tranchée, et l'Allemagne elle-même, par son adhésion aux quatorze propositions du président Wilson, offre d'apporter le vote que, tant qu'elle s'est crue la plus forte, elle avait brutalement refusé.

Une seconde condition a manqué pour établir le règne de la loi internationale. Aucune sanction n'intervenait en cas de désobéissance. Il faut que ces sanctions soient définies et que leur application soit rigoureusement assurée.

Les maîtres du droit des gens ont étudié, depuis longtemps, les sanctions de caractère pacifique qui pourront être mises à la disposition des nations associées pour imposer le respect des décisions prises à l'Etat qui violerait le pacte international.

Par des mesures d'ordre diplomatique et juridique, il sera possible, sans tirer l'épée, d'enfermer l'Etat dissident dans une solitude intolérable.

Ces mesures peuvent aller jusqu'à mettre en interdit aussi bien cet Etat lui-même que les ressortissants de cet Etat.

Quant aux sanctions économiques dont le Président Wilson a admis la légitimité et préconisé l'usage éventuel à l'encontre de nos ennemis actuels, elles peuvent être des moyens d'action irrésistibles : privation de matières premières, suspension des échanges, interruption des transports par terre et par mer, embargo sur les navires de commerce, blocus pacifique, etc.

La Société des Nations n'usera de ces mesures, ainsi que l'a dit lord Grey, que comme d'un moyen de défense internationale contre un Etat révolté ; ce sera entre ses mains une arme si redoutable qu'elle suffira presque toujours à briser toute résistance.

S'il en était autrement, elle disposerait de la sanction suprême : l'intervention de la force militaire internationale serait ordonnée.

L'heure n'est pas venue d'examiner en détail le statut de cette force internationale. Comment seront fixés les contingents des divers Etats ? Comment sera assuré le commandement ? Comment, pendant le temps de paix, sera préparée l'action éventuelle ?

Il y a là une série de problèmes techniques dont les solutions doivent être préparées dès maintenant par des conversations entre les Alliés. Ceux-ci n'ont-ils pas dans l'admirable élan commun qui leur permet de tenir enfin la victoire, pris l'heureuse habitude de ces ententes mutuelles inspirées d'un sentiment si élevé et suivies de si fécondes conséquences ?

Qu'il nous suffise d'indiquer ici les données essentielles du problème. Il faut que cette force internationale soit capable de triompher des résistances injustifiées et désormais criminelles de l'Etat violateur du pacte. Et pour assurer la supériorité de cette force internationale, il faut que chacun des Etats associés consente à la limitation de ses armements, réduits à la mesure que nécessite leur sécurité intérieure.

Pour que cette limitation des armements soit permanente, pour qu'on ne puisse pas revoir l'exemple donné par la Prusse en 1807, il faut aussi que le contrôle des effectifs et des armements, et, plus généralement, des budgets militaires de chacun des Etats soit accepté par tous et rigoureusement exercé.

Enfin, tant que certains grands Etats seront restés en dehors de la Société des Nations, il faut, bien entendu, que la force internationale soit maintenue à un degré de puissance qui lui permette de triompher sûrement et de maintenir absolument intact le patrimoine commun que la victoire du droit assure aux peuples librement associés.

*<br>* *

Ainsi les justes volontés de la Société des Nations seront obéies, ainsi la paix, dont le maintien est son objet propre, sera garantie.

Elle devra, pour accomplir sa tâche, être représentée au milieu du monde par un organisme permanent ayant reçu de chacun des Etats associés les pouvoirs nécessaires et suffisants.

Cet organisme, constitué sous la forme d'un Conseil international, puisera son autorité dans l'engagement réciproque, pris par chacune des nations associées, d'user avec les autres de sa puissance économique, militaire et maritime contre toute nation violant le pacte social. Il n'y aura rien d'arbitraire dans la définition des pouvoirs du Conseil international. Né d'un contrat volontaire souscrit par les Etats associés, il aura pour unique mandat d'assurer l'exécution de ce contrat.

Son but étant le maintien de la paix entre les Nations associées, il devra rechercher et employer tous les moyens propres à prévenir les conflits.

Il devra d'abord utiliser et développer les institutions créées à La Haye et provoquer au besoin l'établissement de juridictions complémentaires.

Pour assurer le règlement amiable des différends, il pourra intervenir soit sur la demande des parties, soit même sur l'initiative d'un quelconque des autres Etats associés.

Il pourra procéder à cet effet par la voie des bons offices ou de la médiation et rappeler aux Etats en litige que le tribunal international leur est ouvert.

Il pourra également ouvrir les enquêtes préalables destinées à établir les faits qui auront fait naître les différends. L'utilité de ces enquêtes internationales établies par la Convention I de La Haye, a été pleinement démontrée en 1905, lors de l'incident du Dogger Bank, qui avait failli mettre aux prises l'Angleterre et la Russie.

Lorsqu'une sentence aura été rendue par la juridiction internationale, le Conseil en assurera l'exécution.

Il se peut que certaines difficultés, n'étant pas d'ordre juridique, ne se prêtent pas à l'examen du tribunal international. Il ne faut pas que le Conseil international soit, en ce cas, désarmé. Les Etats associés devront donc, lors de la fondation de la Société des Nations, déterminer dans quelle mesure un pouvoir de décision, d'ordre véritablement politique, pourra être attribué au Conseil international, afin de lui permettre, au cas où un Etat en cause refuserait d'accepter la décision prononcée par lui, d'ordonner les mesures coercitives qui pourront être nécessaires pour réduire l'Etat rebelle à l'exécution de ses engagements.

## IV

Nous ne pouvons entrer ici dans les détails de l'organisation de la paix : ce sera aux gouvernements alliés à s'accorder entre eux sur toutes les dispositions qui permettront d'en assurer le bon fonctionnement, mais quelques conditions essentielles doivent, d'ores et déjà, être clairement indiquées. Le président Wilson a affirmé avec une grande force qu'une véritable Société des Nations ne peut exister qu'entre nations de caractère démocratique.

Il faut, en d'autres termes, que les nations associées soient pourvues d'institutions représentatives qui permettent de les considérer comme responsables elles-mêmes des actes de leurs gouvernements.

Pour que l'indépendance et la sûreté de toutes les nations, petites ou grandes, mais égales en face du droit, soient garanties contre toute violence, il faut que chez chacune d'elles la même règle de liberté et d'égalité sous le droit soit déjà reconnue et pratiquée.

Si, dans un pays quelconque, un gouvernement uniquement appuyé sur la force peut imposer sa volonté dans l'Etat, il ne manquera pas, pour assurer son pouvoir, d'aller chercher au dehors le prestige que donnent les succès militaires.

N'est-ce pas, en deux mots, toute l'histoire de la Prusse des Hohenzollern ?

Un même principe doit régler, à l'intérieur de chaque Etat entre les individus, comme à l'intérieur de la Société des Nations entre les Etats, les conditions de tout libre contrat.

La liberté et la paix au dedans sont les conditions de la paix et de la liberté au dehors. Il ne faut pas que les changements apparents apportés à la Constitution d'un Etat, comme ceux que le prince Max de Bade a promis au Président des Etats-Unis, nous fassent illusion.

Les suprêmes et vitales décisions doivent dépendre dans chaque pays de la représentation souveraine de la nation.

Lorsqu'un Etat déclare sa volonté de paix, cette déclaration n'a de valeur que si elle est l'expression de la volonté du peuple entier.

A quels signes reconnaîtra-t-on d'ailleurs le caractère démocratique de la Constitution d'un Etat ? Lord Grey rappelait récemment, avec raison, que l'Angleterre était tout aussi démocratique que n'importe quelle république du monde, et il citait le mot saisissant de lord Morley, disant une fois, à propos du jingoïsme : « Je ne peux pas définir un jingo, mais je le reconnais dès que je le vois ». Il faudra peut-être un temps assez long avant que nous puissions reconnaître dans l'Allemagne nouvelle la figure d'une véritable démocratie.

Je touche sans hésiter ici à la question de savoir si et quand l'Allemagne pourra faire partie de la Société des

Nations. Il n'est pas de problème plus grave. J'en poserai nettement les termes. On nous dit : Si l'Allemagne n'entre pas dans la Société des Nations, c'est la guerre prochaine entre elle et les nations associées ; si elle y entre, c'est le germe de la discorde et le risque de la guerre dans le sein même de la Société des Nations.

A la question ainsi posée, nous répondons : La Société des Nations est de tendance universelle, mais par son objet même, elle ne peut s'établir qu'entre des nations libres, fidèles à la parole donnée, s'étant acquittées de toutes les obligations qui peuvent résulter de leurs fautes passées et se donnant enfin les unes aux autres toutes les garanties nécessaires de fait et de droit.

Quand l'Allemagne réunira-t-elle ces conditions?

C'est à cette heure-là même qu'elle pourra revendiquer le droit de faire partie de la Société universelle.

Suffira-t-il qu'elle ait renversé son gouvernement militaire pour être considérée comme ayant renié son passé? Ce qui crée le danger, ce n'est pas seulement le gouvernement militaire de l'Allemagne, c'est son âme même, telle qu'elle a été forgée depuis Frédéric. C'est l'Allemagne tout entière qui a proposé au monde la formule tristement célèbre : La force prime le droit. Ce sont ses écrivains qui ont défini et développé cette doctrine. Qui donc pourrait oublier ce manifeste dit « des 93 intellectuels » approuvant hautement, en 1914, le déchaînement de la barbarie savante sur le monde ?

La destruction du militarisme qui gouverne l'Allemagne est nécessaire, mais il faudra qu'il s'accomplisse en elle non seulement une révolution politique, mais une révolution morale. Sans doute, l'éclatante victoire des Alliés, amenant sa capitulation, hâtera cette transformation. Ce peuple comprendra-t-il enfin qu'il y a désormais, dans l'humanité, une force supérieure à la force matérielle, et que le règne de la justice souveraine est arrivé ?

En tout cas, outre les garanties de fait, d'ordre militaire, qu'aura prescrites le traité de paix, outre la réalisation de toutes les réparations justement imposées, outre le châtiment de tous ceux qui se sont rendus coupables

dards victorieux, mais le temple où viendront se déposer vos drapeaux autour de l'autel, sacré pour tous, où se célébrera à jamais le culte de la Justice et du Travail pacifié.

Paris. — Imprimerie G. CADET, 7, rue Cadet.

Documents manquants (pages, cahiers...)
NF Z 43-120-13

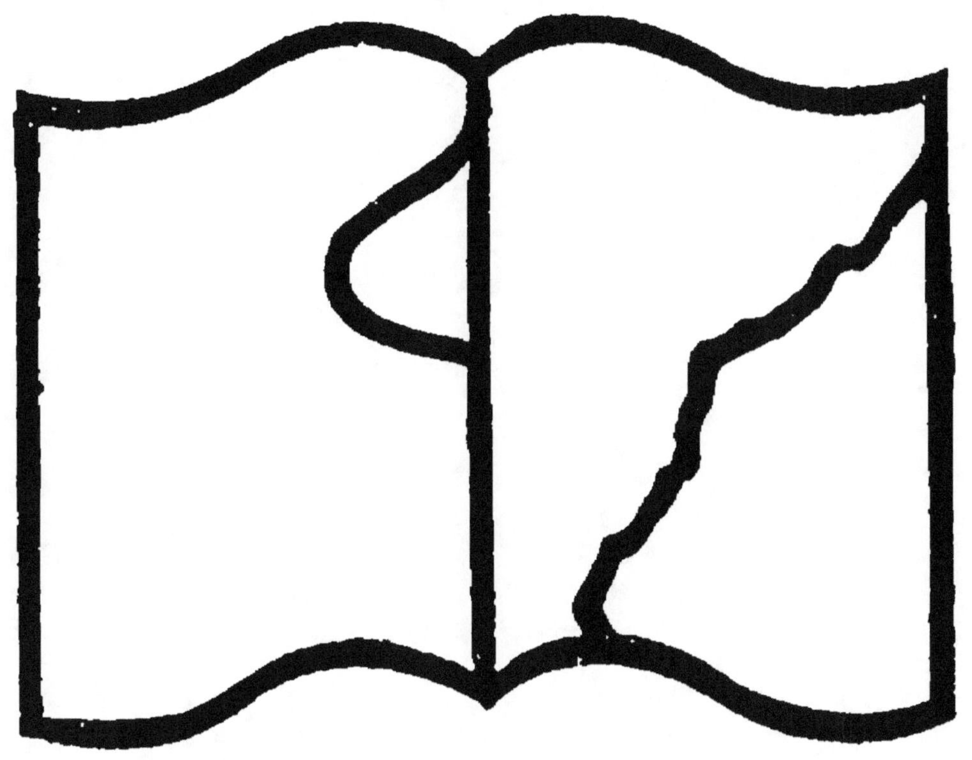

Texte détérioré — reliure défectueuse

NF Z 43-120-11